AF253886

LA FRANCE

LA PRUSSE

ET

LA RUSSIE

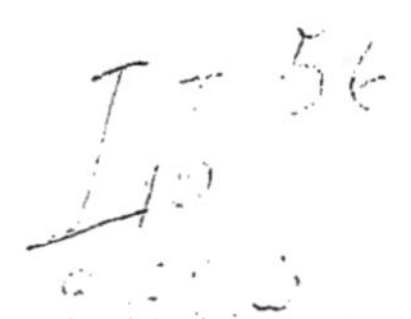

IMPRIMERIE J. CLAYE
RUE SAINT-BENOIT 7
LABOR
PARIS

LA FRANCE

LA PRUSSE

ET

LA RUSSIE

PAR

J. DE R. O.

PARIS

E. DENTU, LIBRAIRE-ÉDITEUR

GALERIE D'ORLÉANS, 17 ET 19

(Palais-Royal)

—

1870

Ces réflexions sont dédiées aux infortunées nations
slaves, qui, en les lisant, ne pourront douter que c'est
un frère qui parle, et que, s'il fait appel à un moyen
singulièrement redoutable, c'est qu'il voit avec douleur
qu'il ne faut pas moins qu'une force extrême pour faire
cesser une misère si profonde!

INTRODUCTION

———

Un célèbre penseur me disait à Paris, peu de
temps avant sa mort, qui précéda la campagne
d'Italie :

« On a beau inventer les théories sociales les
« plus subversives, l'Europe n'en est pas moins
« monarchique et aristocratique, et elle restera
« encore longtemps telle, en dépit de J.-J. Rous-
« seau, de Proudhon et de tous leurs amis.

« Les idées de hiérarchie se sont, pour ainsi
« dire, incrustées dans les mœurs, dans le lan-
« gage, dans la religion ; et le sol en est impré-
« gné depuis qu'il est habitable.

« La Suisse, par exemple, cette petite répu-
« blique, unique en Europe, adore les légendes
« de ses vieux châteaux, et orne volontiers ses
« chalets démocratiques des portraits de ses
« aïeux.

« Néanmoins, on ne peut se dissimuler que,
« depuis 1789, l'Europe se *démocratise* peu à peu ;
« et qui sait si la Suisse, qui, grâce à ses mon-
« tagnes, pourra, plus que toute autre nation,
« conserver sa forme républicaine, n'est pas un
« petit modèle sur lequel, dans deux siècles peut-
« être, se constitueront les autres pays de notre
« continent?

« Mais il y a, en politique, trois anomalies
« d'une tout autre nature, qui disparaîtront in-
« cessamment de la carte d'Europe, ce sont :
« l'Autriche, la Turquie et les États du pape.

« Les provinces italiennes de l'Autriche re-
« viendront à l'Italie, ses provinces allemandes
« s'absorberont dans l'unité germanique et ses
« pays slaves s'uniront à la Russie.

« Quant à la Turquie, la grande majorité de ses
« habitants appartenant à la race slave ou à la
« religion grecque, elle subira son sort. Les Os-

« manlis retourneront dans les contrées d'où ils
« tirent leur origine, et la ville de Constantinople,
« avec une circonscription convenable, sera dé-
« clarée État neutre, gardé par les armées et les
« flottes alliées de toutes les puissances de l'Eu-
« rope, et qu'on donnera peut-être aux Habs-
« bourg, comme dédommagement de la perte de
« leurs États héréditaires.

« Pour ce qui concerne enfin le pouvoir
« temporel du pape, c'est une anomalie plus nui-
« sible qu'utile au catholicisme, car elle sert de
« prétexte pour dénigrer le saint-père, et, en ma
« qualité de fervent catholique, j'attends avec im-
« patience le moment où la ville éternelle, au
« lieu d'être le chef-lieu d'une petite principauté,
« deviendra la capitale spirituelle de deux cents
« millions de catholiques. »

Et comme je faisais observer à mon illustre
interlocuteur qu'une partie de ses paroles que je
venais d'entendre était en contradiction avec la
plupart de ses écrits, il me répondit :

« Il est vrai que j'ai longtemps pensé autre-
« ment au sujet de l'Autriche et de la Russie,
« mais les grands événements qui se préparent,

« et qui même commencent déjà, m'ont dessillé
« les yeux.

« La race romane, à la tête de laquelle on
« verra marcher la France, fera bientôt une guerre
« pour reprendre la Lombardie et la Vénétie; et
« peut-on douter de la bravoure française, sou-
« tenue par le patriotisme italien?

« Ce sera pour l'Autriche une blessure mor-
« telle dont elle ne se relèvera plus, et la Prusse
« lui portera le dernier coup.

« Or, dans cette occasion, le triomphe de la
« Prusse, c'est le triomphe de la Russie.

« Il est certain, vous dis-je, que l'Europe se
« démocratise sous tous les rapports. Les aînés
« faiblissent ou dégénèrent, et les cadets ont le
« vent en poupe!

« Ainsi le droit d'aînesse, qui, dans les trois
« grandes races de notre continent, appartient,
« de par l'histoire, à l'Italie, à l'Autriche et à la
« Pologne (en y joignant la Bohême), passera, de
« fait, à la France, à la Prusse et à la Russie. »

Sous ce rapport, lui dis-je alors, je suis com-
plétement de votre avis. Je n'ai jamais douté que
la France, la Prusse et la Russie ne dussent l'em-

porter, un jour, sur leurs rivaux, mais j'ai toujours attribué l'éventualité de cette prééminence à leur situation géographique, relativement ou absolument septentrionale ; car je crois, avec Montesquieu, que le climat joue un rôle décisif en politique, et que toutes les fois qu'il y a rivalité entre les peuples du Midi et ceux du Nord, ces derniers finissent par l'emporter.

« Dans tous les cas, me répondit-on, que ce
« soit la force des armes, ou l'influence du cli-
« mat qui décide la question, l'Autriche et la Po-
« logne n'auront cédé que devant une force bru-
« tale, et il leur restera la chose la plus respec-
« table de ce monde, c'est-à-dire le *droit*. »

Ces mots terminèrent notre conversation délicate, et que je n'ai pas voulu continuer par déférence pour mon interlocuteur, très-grand seigneur, resté pendant toute sa vie fidèle à ses idées aristocratiques, assez mal disposé pour le Nord, et qui ne cessa point de manifester hautement ses vives sympathies pour l'Autriche.

Ce personnage aimait cependant et connaissait bien l'Italie, son ciel et ses monuments, et, s'il n'en fit pas mention dans l'espèce de boutade qui termina notre conversation, c'est qu'il persistait à soutenir que les hommes, en Italie, sont en pleine dégénérescence physique et morale, et qu'ils ne doivent la continuation de leur existence politique qu'à l'intelligence et à l'énergie de leurs femmes. La même opinion perçait souvent dans ses conversations intimes sur la noblesse de la nation à laquelle il appartenait, mais son inimitié contre le Nord l'emportait et l'aveuglait, aussitôt qu'il était amené à s'expliquer d'une façon tant soit peu officielle.

Cette conversation avec un homme éminent, quoique trop passionné, s'est profondément gravée dans ma mémoire ; et lorsque, après dix années de sérieuses études, de longs voyages, et de péripéties diverses, j'ai eu l'occasion de me convaincre que ses paroles étaient vraiment prophétiques, je n'ai pu me dispenser de les rappeler au commencement de ce petit écrit, qui n'en est, à proprement parler, que le commentaire et le développement.

Le devoir que je m'impose en prenant la plume est d'être bref, de ne pas accentuer trop fortement certains détails, de conserver une rigoureuse impartialité, et de rendre justice à chacun, sans toutefois altérer en rien la vérité.

Mais je prévois la possibilité d'une objection. Il y en aura qui me diront, sans doute, que mon écrit pèche par la base, car certains principes que je soutiens ici ne sont, tout au plus, que relativement bons.

A ceci je réponds d'avance que je ne soutiens aucun principe comme absolument bon, pour la simple raison que je ne crois à rien d'absolu ici-bas.

Je crois fermement que tout dépend de l'espace et du temps, c'est-à-dire que ce qui a été bon hier encore pourra être mauvais demain; comme, d'un autre côté, il y a bien des choses qui aujourd'hui sont bonnes *ici*, et qui aujourd'hui même ne le sont point *là-bas*.

Mais cependant, il y a une chose qui a été et qui sera toujours *parfaite*, une chose que l'on estime et que l'on désire également à Londres et à Berlin, à New-York et à Saint-Pétersbourg; cette chose unique, — c'est la PAIX.

J. DE R. O.

28 mars 1870.

LA FRANCE, LA PRUSSE

ET LA RUSSIE

I

En liberté, comme en toutes choses, on ne s'é-
lève que progressivement et degré par degré.

L'Europe est fille de l'Asie, où dominent la
tyrannie et l'esclavage.

Si donc l'Europe est parvenue à obtenir la
liberté individuelle sous le régime monarchique,
tempéré par les lois et pondéré par la noblesse,
elle a fait un grand pas en avant, et la seule chose
à laquelle elle puisse prétendre, durant bien des
années encore, c'est à perfectionner ses institutions monarchiques, en se rapprochant graduelle-
ment de la sage liberté qui existe en Angleterre.

On ne monte, disons-nous, que degré par degré,

lentement et prudemment ; et l'histoire prouve, en effet, que, toutes les fois qu'un homme ou un peuple a tenté de précipiter sa marche ascendante, il s'est vu obligé de redescendre, si toutefois une lourde chute n'a pas été la suite de son imprudente tentative.

L'un des plus grands législateurs du monde, le divin Moïse, crée, il y a quarante siècles, la plus parfaite des démocraties, sans trop s'inquiéter de l'esprit du temps, ni des institutions des peuples qui l'entourent. Le fanatisme et la ténacité de la race à qui il donne ses admirables lois sont sans égaux.

Et cependant qu'est devenue sa nation ?

A-t-elle pu garder son territoire ? Forme-t-elle un corps politique ? N'a-t-elle pas fini par se dissoudre et se fondre dans nos institutions, qu'elle considéra longtemps comme barbares ?

Nos maîtres en philosophie et en beaux-arts, les anciens Grecs, fondent plus tard des républiques qui sont favorisées par une situation géographique exceptionnelle et qui comptent parmi leurs législateurs des sages tels que Solon et Lycurgue.

Eh bien, où en est aujourd'hui l'œuvre de leur génie ?

Le livre de la *République* écrit par Platon, n'est-ce pas tout ce qui en reste ?

On voit ensuite s'élever une république qui fait trembler le monde entier et qui parvient à lui dicter des lois. Elle semble avoir toutes les conditions indispensables pour subsister et pour dominer éternellement : un climat idéal, la proximité des mers, le génie politique, l'esprit républicain et belliqueux, des hommes enfin comme Scipion, comme les Gracques, comme Marius, comme les deux Caton.

Eh bien, a-t-elle même pu résister au souffle de la volonté d'un seul homme, d'un homme appelé César ?

Et les petites républiques italiennes, écloses çà et là sur les ruines de l'antique Rome, ne sont-elles pas venues successivement se placer sous les sceptres de quelques princes, et ne sont-elles pas aujourd'hui réunies définitivement sous le sceptre d'un seul dominateur, qui se nomme Victor-Emmanuel ?

Et qu'en reste-t-il maintenant, si ce n'est le frisson que donne le souvenir de leurs cruelles luttes intestines, de la tyrannie du Conseil des Dix, des horreurs du Pont-des-Soupirs ?

Et qu'est devenue à son tour la république polonaise ?

Est-ce qu'une nation aussi vaillante, animée d'un si brillant patriotisme que la nation polonaise, aurait pu de nos jours, et malgré les désavantages de sa situation géographique, tomber dans un pareil anéantissement, si ses institutions n'eussent pas été défectueuses, si elles n'eussent pas été républicaines ?

Et qu'en reste-t-il aujourd'hui, sinon une plaie saignante, un territoire qu'en vain on chercherait sur la carte de l'Europe et dont on ne sait comment agglutiner les tronçons mutilés ?

Et qu'ont fait récemment, — pour en finir avec les républiques, — les Français, ce peuple si intelligent, si chevaleresque et si singulièrement entiché de démocratie?

Ses tentatives fréquentes et désespérées de rompre à jamais avec la monarchie et l'aristocratie n'ont-elles pas toujours abouti au retour de ces deux puissantes institutions?

La France n'a-t-elle pas retrouvé enfin, sous l'empire, que son peuple frivole siffle et injurie aujourd'hui, toute sa grandeur et toute sa prospérité perdues naguère dans les paroxysmes d'une chimérique liberté?

Et ce que demande aujourd'hui la majorité de la nation française, est-ce une république, est-ce une démocratie pure?

Quiconque connaît ce peuple brillant et jaloux de sa gloire ne voit-il pas clairement que, s'il tient réellement à quelque chose, c'est à un pouvoir assez brillant pour représenter dignement la France au dedans, et assez fort pour inspirer le respect au dehors ?

A tout ce que ce peuple élégant et sympathique aime et honore n'accorde-t-il pas tout naturellement les droits du privilége ? La supériorité qu'il attribue au talent, au mérite, à la fortune et même à la *naissance*, n'est-ce pas là une sorte d'auréole aristocratique ?

Et si la plupart des Français n'avouent pas franchement leurs secrètes sympathies, n'est-ce pas uniquement par une espèce de faux point d'honneur démocratique et républicain qui leur reste encore des réminiscences de 89 ?

Néanmoins, les souvenirs de cette mémorable époque n'étant pas encore tout à fait éteints, la France est le seul pays de l'Europe qui inspire de sérieuses inquiétudes pour la conservation de l'ordre et d'une sage liberté.

Il faut espérer que la prudence raisonnée de son chef et la modération de la majorité, si dignement représentée par le ministère actuel, sauront triompher des excès révoltants de ces nouveaux paladins de l'anarchie, si bien caractérisés par le nom de *voyoucratie* — (qu'on nous pardonne de le prononcer) — et qui sont la honte de la France actuelle.

Ce n'est pas, nous devons l'avouer, sans un étonnement mêlé de quelque regret que nous voyons journellement les organes d'une presse autre que celle de la France, — qui se disent, dans leur patrie, conservateurs de l'ordre et de la monarchie, — attaquer ces mêmes principes dans un pays voisin ou ami, et encourager en quelque sorte les hommes et les idées de la révolution, qui, si elle parvenait à triompher, ne se renfermerait certainement pas dans les limites qu'ils prétendent lui tracer.

Si, en effet, par un malheur à jamais regrettable, une nouvelle révolution venait à éclater à Paris, ce serait un sujet de très-vive alarme pour l'Europe, à qui l'instinct de sa propre conservation imposerait le devoir de se liguer encore une fois contre les perturbateurs du repos universel.

La France, en sa qualité de grande nation indépendante, jouit assurément du droit de faire chez elle tout ce qui lui semble convenable, mais elle ne doit point oublier qu'elle fait aussi partie de la famille des États européens, dont les intérêts sont solidaires entre eux, sous beaucoup de rapports, et auxquels elle doit des égards.

La pente que suit l'Europe est celle qui conduit à la monarchie constitutionnelle, et cette forme de gouvernement devra nécessairement prédo-

miner peu à peu sur toutes les autres ; mais il
n'est prudent pour aucun État européen d'en dé-
passer la limite.

Or, lors même que la France, ce qui est peu
probable, serait mûre pour une république, le reste
de l'Europe ne l'étant pas encore, force lui sera
d'enrayer pour ne pas compromettre l'indépendance des autres États.

Ce n'est pas au centre de l'Europe qu'une liberté exagérée et intempestive aurait des chances
de réussite.

Étouffées sous la féodalité, les idées libérales
n'ont pu envahir en Allemagne que le domaine
des consciences et de la pensée abstraite ; et les
vieilles traditions subsistant toujours, elles se sont
définitivement réfugiées dans la philosophie et le
protestantisme, en n'abordant la politique que
dans des proportions très-restreintes.

L'esprit pratique de la race allemande semble
satisfait de cette heureuse combinaison, qui dé-
gage ce qui est essentiellement libre et soumet à
la règle ce qui, par sa nature, a besoin d'être
strictement réglé.

Après avoir fait la *part du feu* dans les enceintes
des universités, l'étudiant allemand, cet athée, ce
républicain, ce démocrate irréconciliable, n'est
pas plus tôt entré dans la vie réelle qu'il devient

un gentilhomme irréprochable, un paisible ministre du culte ou un bon soldat, dévoué à la cause de son pays et de son roi.

Loin de reprocher à l'Allemagne, — ou plutôt à la Prusse, qui, de fait, la représente aujourd'hui, — une excessive effervescence libérale, on l'accuse généralement d'une trop grande concentration du pouvoir et d'un militarisme pédant et rigoureux.

Ce reproche, tant mérité qu'il soit, est loin, selon nous, de constituer un empêchement sérieux à l'unification de l'Allemagne sous l'égide de la Prusse, et de donner lieu par là à un nouveau bouleversement au centre de l'Europe.

Nous comprenons aisément que le régime imposé par la Prusse peut être momentanément désagréable aux pays qui le subissent, mais d'un autre côté nous pensons que le peuple allemand est trop raisonnable pour ne pas comprendre que l'état de transition où se trouve la Confédération germanique du Nord exige nécessairement des mesures de rigueur exceptionnelles.

Un constitutionnalisme pur, tel qu'il existe en Angleterre, n'est praticable que dans un pays qui a déjà prononcé son dernier mot et qui n'a ni ennemis à craindre ni amis à protéger, mais il serait une bien sérieuse entrave à la réalisation d'une idée qui ne saurait être accomplie que sous un régime plus ou moins dictatorial.

A notre avis, la Prusse est plutôt destinée à disparaître dans la nation allemande qu'à pouvoir jamais *prussifier* l'Allemagne.

Ce n'est point non plus de l'est de l'Europe que pourrait venir un danger menaçant pour les idées conservatrices.

Le trône des tzars est peut-être le seul au monde dont la base soit inébranlable, comme c'est aussi le seul qui ait su concilier, en tant que ces deux choses sont conciliables, le gouvernement personnel et la liberté.

Les jugements de la presse européenne sur la Russie moderne, dont on fait tantôt le fantôme de l'absolutisme, tantôt le repaire de la démagogie, prouvent qu'on n'en parle que sur les rapports de ceux qui la connaissent mal ou de ceux qui ne veulent point tenir compte de l'état de transition où elle se trouve.

Mais aussitôt que l'on juge la Russie sans prévention et avec connaissance de cause, on devient stupéfait de voir ce colosse marcher si rapidement vers le progrès sans éprouver les secousses violentes qui ont accompagné le développement de tous les autres pays.

Il ne faut pas oublier qu'au lendemain d'une

campagne désastreuse, la Russie est entrée résolûment dans la voie de radicales réformes qui lui
sont venues d'en haut, et dont les résultats ne
sont pas inférieurs à ceux qui ont été obtenus en
France au prix d'une terrible révolution, et à ceux
qui, tout récemment encore, ont coûté des millions
de têtes et des milliards d'écus à la nation considérée comme la plus libre et la mieux gouvernée
du monde.

La période des grandes réformes en Russie
n'est pas encore arrivée à son terme. et l'on constate déjà que plusieurs des nouvelles institutions
sont supérieures à celles que l'on voit dans les
autres pays; et ce fait n'a rien de surprenant, car.
par sa maturation tardive et paisiblement accomplie, la Russie a le double avantage de pouvoir
profiter de l'expérience des autres et de ne pas
se constituer au milieu de la fièvre sociale qui
accompagne ordinairement les tourmentes politiques.

Nous ne nous arrêterons point à signaler ici
quelques symptômes de socialisme qui se sont
manifestés dans ces derniers temps en Russie, et
auxquels on a donné le nom de *nihilisme*. Ce ne
sont, à proprement parler. que de puériles velléités d'une jeune pensée à peine éveillée. qu'on
doit réprouver sans doute, mais qui n'ont point

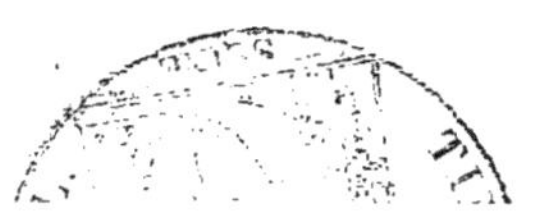

d'avenir ; car lors même qu'elles se propageraient parmi les classes moyennes, elles ne sauraient jamais obscurcir ni le bon sens de la noblesse qui connaît son devoir, ni altérer la saine raison des masses, pour qui le monarque, en qui se personnifient l'ordre et la liberté, est l'objet d'un culte presque divin.

Aussi tout homme impartial qui aura su connaître et apprécier les immenses ressources de cette vaste contrée, le développement rapide de ses voies de communication, la vigueur juvénile de la race slave, la facilité étonnante avec laquelle elle sait assimiler tous les résultats de la civilisation, son rare esprit d'organisation et de discipline, son admirable instinct politique qui lui rend suspecte toute division du pouvoir, devra convenir qu'un tel pays constitue un véritable rempart contre la barbarie asiatique, et qu'il est inévitablement appelé à exercer, comme le dit M. de Tocqueville[1], *une influence décisive sur les destinées du monde.*

Mais si, comme nous l'avons dit plus haut, on ne s'élève pas d'un seul coup au point culminant de la liberté, il est certain aussi que l'on ne descend pas précipitamment du degré auquel

---

1. Voir *la Démocratie en Amérique*, par M. de Tocqueville.

on est laborieusement et loyalement parvenu.

On en a vu, dernièrement, une preuve éclatante en Amérique.

Enfant de l'Europe, le peuple américain a transporté au delà des mers nos plus beaux rêves et nos plus belles théories, et, libre du fardeau de l'histoire et de la tradition, de tout préjugé, de toute entrave d'un ordre préexistant, il y jeta les fondements d'une liberté qui étonne le monde, et dont, à juste titre, il se montre fier et jaloux.

Et lorsque, il y a quelques années, les armes européennes y ont voulu fonder une monarchie, la liberté américaine répondit par un défi sanglant et cruel, — terrible avertissement pour toutes les tentatives ultérieures qui pourraient se produire.

Sans donc vouloir déprécier les idées démocratiques et républicaines que nous trouvons très-séduisantes et fort belles, surtout en théorie, et tout en constatant que les progrès de la civilisation qui éclatent dans tous les pays européens, sans en excepter la Russie, sont dus en partie à l'infiltration des idées sagement libérales et lentement *démocratisantes*, — nous avons la ferme conviction que l'établissement d'une république ou d'une démocratie pure en Europe serait tout à fait intempestif, qu'une telle tentative plongerait les nations dans d'inextricables malheurs et les ramènerait inévitablement, tôt ou tard, à la monarchie et aux diverses formes d'aristocratie que nous avons signalées plus haut, et qui sont les seules admissibles dans notre siècle.

D'un autre côté, il n'y a certainement point à craindre que l'Europe puisse jamais retomber dans l'esclavage et dans la barbarie.

Entre l'Asie et l'Amérique, la vieille Europe, aux points de vue de la géographie, du climat et de l'histoire, occupe une position centrale et doit, pour accomplir dignement sa mission, inscrire à jamais sur son drapeau ce mot modeste, mais profond et archiévangélique : « MODÉRATION. »

Les inventeurs de toutes les théories plus ou moins *sociales* et tous ceux qui s'en font les apôtres devraient comprendre que la parole est, de nos jours, une arme toute-puissante, et qu'ils causent à la société un préjudice dont eux-mêmes ne se rendent pas bien compte quand ils s'écartent de la modération dans leur langage, et, pis encore, lorsqu'ils ont le malheur de faire appel à la révolte.

Macaulay a dit que *chaque pays a le gouvernement qu'il mérite.* Tout en nous inclinant devant l'autorité d'un si grand nom, nous nous permettrons de modifier cet axiome et de dire que chaque pays *a le gouvernement que le temps comporte.*

Or l'espace et le temps sont deux choses qu'on ne peut jamais franchir brusquement, mais qu'il faut gravir, comme nous l'avons dit et comme le dit Proudhon lui-même [1], *prudemment, laborieusement, péniblement et degré par degré.*

Le vent soufflait jadis de l'Orient vers l'Occident et nous apportait des hordes barbares qui essayèrent de mettre à néant les résultats de notre civilisation ; mais nous en avons heureusement triomphé.

Aujourd'hui, le vent vient d'Amérique et apporte bien des idées qui dépassent le niveau de cette civilisation ; c'est aussi de ces idées-là qu'il faut savoir triompher.

1. Voir *de l'Organisation de l'ordre,* par Proudhon.

II

Au moyen âge, les petites nationalités, assez nombreuses, qui peuplaient l'Europe, obéissant à la loi universelle de l'affinité qui opère par voie d'agglomération croissante et continue, tendaient à se grouper autour des unités politiques plus considérables, appelées « États », qui les ont définitivement absorbées.

Ainsi, la Grande-Bretagne actuelle est un composé de plusieurs pays indépendants, qui y furent successivement réunis, soit par les armes, soit par les bulles des papes, soit par le consentement volontaire des peuples, et dont les principaux sont, comme on le sait :

La vieille Angleterre, appartenant à la race *germanique;* le pays de Galles, dont les habitants sont de race *celtique ;* l'Écosse, dont les montagnards parlent encore le *gaélique;* l'Irlande, dont l'idiome est un dialecte du celtique corrompu par le mélange de l'élément anglais.

La France n'était au xe siècle qu'un petit État qui prit, à partir de Hugues Capet, l'importance d'un véritable royaume par l'adjonction successive des duchés de Normandie, de Bretagne, d'Aquitaine, de Gascogne, de Bourgogne, puis des comtés de Toulouse et de Flandres, et qui s'agrandit encore par la réunion d'autres provinces.

Tous les habitants de l'empire français ne parlent pas la même langue; il y en a un assez grand nombre qui parlent l'italien, l'allemand, la langue bretonne, la langue basque, le flamand et les divers patois dont les uns sont des dialectes de la langue d'oc ou romane, et les autres de la langue d'oïl ou wallone, devenue plus tard la langue française.

L'Autriche, qui compte aujourd'hui 33 millions d'habitants, appartenant à plusieurs races et parlant des langues différentes, n'était au xie siècle qu'un petit margraviat allemand, gouverné par la famille des comtes de Bamberg, érigé en 1526 en royaume, auquel Ferdinand Ier réunit la Hongrie, la Bohême, la Silésie, la Lusace, et qui s'accrut, en 1795, par la réunion de la Galicie et de la Lodomérie.

Tous les autres États de l'Europe, et en dernier

lieu l'Italie, se sont formés par des éléments analogues et de la même façon.

Lorsque, il y a quelques années, l'unification du royaume d'Italie s'est accomplie, on ne se rendait pas compte encore de la véritable portée de cet événement politique, et on était généralement porté à y voir le commencement d'une nouvelle période historique, celle des unités nationales.

Mais les événements ultérieurs, et notamment la formation de la Confédération germanique du Nord, ont clairement démontré que la formation du royaume d'Italie, qui est un État semblable aux autres, n'a été que l'achèvement de cette période historique que l'on peut appeler *la période de la formation des États.*

Le but évident de l'humanité est de s'unir de plus en plus étroitement, pour s'identifier et pour se confondre dans une égalité universelle devant cette puissance une et indivisible qui gouverne aujourd'hui le monde et qu'on nomme la SCIENCE.

Le rôle historique et la mission qui appartiennent aux États sont donc de rapprocher les petites nationalités les unes des autres, par la centralisation administrative, par la langue officielle devenant quelquefois langue scientifique, par les voies de communication établies sur une large échelle, et de les civiliser par le contact de leurs mœurs si différentes les unes des autres, et par l'infiltration réciproque des idées qui leur sont propres.

L'extrême puissance et le haut degré de civilisation dont on voit de si frappants exemples en Angleterre, en France, en Allemagne et en Amérique, doivent être principalement attribués à ces grandes masses d'hommes parlant une même langue, et pouvant, avec facilité, se communiquer réciproquement leurs idées.

La théorie qui attribuait le développement extraordinaire de ces pays à la supériorité de leur race tombe d'elle-même du moment où l'on constate les rapides progrès et la puissance formidable de la Russie, qui appartient à la race slave, considérée longtemps comme étant d'une infériorité relative, et condamnée, *à priori*, par certains publicistes, à l'ignorance et à l'obscurité[1].

La vérité est que les capacités de toutes les

1. On est allé jusqu'à vouloir prouver que le cerveau d'un Anglo-Saxon pèse en moyenne beaucoup plus que celui d'un Slave. S'il en était ainsi, ce serait peut-être une preuve que la masse moelleuse qui remplit la cavité du crâne augmente de génération en génération avec le développement des facultés intellectuelles. Ce phénomène physique a été dûment constaté dans plusieurs familles nobles, où les lumières étaient héréditaires. Par contre, on a constaté aussi que la masse du cerveau décroissait du moment où quelque grand vice moral d'un parent provoquait la dégénérescence de la famille.

races, à moins que ces races ne soient vieillies ou dégénérées, sont égales, et que le degré de leur développement n'est qu'une question de temps, et ne dépend, en définitive, que des circonstances politiques plus ou moins favorables dans lesquelles se trouve telle ou telle race.

La Russie doit sa puissance à sa situation géographique qui lui permit, à une époque donnée, de se constituer en État de premier ordre, et les rapides progrès de sa civilisation datent du jour où sa langue nationale a été formée et où ses 80 millions d'habitants ont acquis une plus grande liberté de parler et d'écrire.

Les grands États, tels que l'Angleterre, la France, la Prusse et la Russie,— qui, pendant la période historique que nous avons nommée « période de la formation des États », ont su étendre leurs limites plus considérablement que les autres, broyer leur mosaïque nationale en un tout plus ou moins homogène en favorisant l'extension d'une langue officielle transformée en langue scientifique, — sont devenus des *États de premier ordre,* appelés à grandir et à se développer jusqu'à leurs dernières limites.

Les États, tels que la Turquie et l'Autriche, qui, pendant cette période et malgré la grande étendue de leurs frontières, ne sont restés que des agglo-

mérations politiques composées de plusieurs nationalités nettement distinctes et d'importance à
peu près égale, ayant chacune sa langue spéciale
tendant à devenir officielle, — ne représentent
plus que des points géographiques de première
classe, n'ayant désormais aucune mission civilisatrice, aucune raison d'être, et condamnés d'a-
vance à la décomposition.

Les États secondaires et les petits pays qui
n'ont pas encore perdu leur caractère national,
obéissant toujours à la loi naturelle de l'affinité,
sont attirés désormais vers les grands foyers de la
civilisation appelés « États de premier ordre », et
leur indépendance, lors même qu'elle serait *absolue de droit,* n'est plus que *relative de fait.*

C'est ainsi que nous voyons, par exemple,
l'Italie qui ne peut rien entreprendre sans la
France, ou bien les États secondaires du midi de
l'Allemagne qui tendent à se rapprocher de la
Prusse.

C'est ainsi que l'on voit encore les Grecs, les
Serbes, les Bulgares, les Bohêmes, subissant l'influence de la Russie, cherchant son appui, et en-
voyant des visiteurs à Saint-Pétersbourg et à Moscou
pour manifester leurs sympathies.

Ces nationalités comprennent parfaitement
qu'elles se verront tôt ou tard, — même quand

leurs droits seraient reconnus, — débordées par
l'élément germanique, qui ne manquera pas de
leur imposer une langue et des mœurs étrangères,
tout en les considérant comme des peuples con-
quis appartenant à une race méprisée par les Ger-
mains ; — tandis qu'en s'affiliant à la Russie, avec
laquelle elles sont déjà moralement unies par la
communauté de race ou de religion, par la simi-
litude des mœurs et du langage, ces nationalités
peuvent espérer non-seulement d'être accueillies
comme des peuples frères, auxquels la Russie re-
connaîtra les droits civils et politiques qui leur
sont dus, mais encore de voir s'ouvrir devant elles
le plus vaste pays de l'Europe, dont les immenses
ressources matérielles sont à peine entamées, et
où le travail, l'intelligence et le talent sont toujours accueillis avec bienveillance, sinon avec em-
pressement.

L'équilibre étant, d'après ce que nous avons
dit plus haut, rompu d'une manière aussi positivement évidente, chacun dut reconnaître que *le
rôle des États était fini* et que le moment était arrivé
de faire un nouveau pas en avant en s'unissant
dans des groupes plus considérables ; mais les anciens traités subsistant toujours, on pressentit généralement l'imminence de grands événements
politiques, devant apposer le sceau de la légalité

à un nouvel ordre de choses indiqué par les circonstances.

Dans une époque moins civilisée que la nôtre,
une crise de cette portée ferait prévoir des boule-
versements terribles; mais, de nos jours, il ne
manque pas de considérations atténuantes capa-
bles de rendre la secousse moins effrayante.

La vapeur et l'électricité rapprochant les uns
des autres les hommes de diverses contrées jadis
séparées par l'éloignement des distances, il com-
mença à s'établir entre eux des relations scien-
tifiques et une communauté d'intérêts commer-
ciaux et industriels, devant lesquels s'effacèrent
les antipathies religieuses et nationales. La langue
française, devenue une langue européenne, facilita
l'échange des idées. Bref, les hommes se connu-
rent mieux et comprirent plus réellement qu'ils
sont fils d'un seul Dieu, anges déchus du même
ciel, et tous condamnés au même labeur, — la
lutte contre la matière. Tous, ou du moins la plu-
ralité, sentirent que ce serait folie d'augmenter une
commune misère par des haines antisociales et de
ruineuses rivalités !

Ce sentiment, digne de notre siècle, digne d'une
société chrétienne, en élargissant les fibres du
cœur humain, produisit un patriotisme jusqu'ici
inconnu, *le patriotisme de la race*, plus élevé que le

patriotisme national, et véritable précurseur de la fraternité universelle, venu à point pour faciliter et pour adoucir la transition à un nouvel ordre de choses politique.

Il a été donné à la race germanique d'ouvrir, par son large patriotisme, la nouvelle période historique.

La mémorable journée de SADOWA est une date que l'humanité reconnaissante devrait inscrire en lettres d'or dans les fastes de l'histoire.

La Prusse, après avoir, par un glorieux coup de main, enlevé à son éternelle rivale la primauté dans la grande famille allemande, fonda la Confédération germanique du Nord, devenue un centre d'attraction irrésistible, destiné à entraîner tôt ou tard, dans son giron, le reste de l'Allemagne.

On comprend aisément que la perspective plus que probable de voir un jour s'élever, au centre de l'Europe, une puissance qui comptera environ 70 millions d'une population homogène, très-avancée en civilisation et connue pour son esprit entreprenant, doit sérieusement inquiéter les autres pays de notre continent.

Les États de premier ordre, comme la France et la Russie, ressentirent eux-mêmes le danger qui en résulterait pour eux, *s'ils devaient rester stationnaires et dans leurs limites actuelles.* Il ne fut pas difficile de prévoir que, à un moment donné, l'équilibre artificiel, plus d'une fois troublé depuis 1815, pourrait être définitivement rompu.

Cet état de choses produisit une méfiance générale, et amena les armements extraordinaires qui pèsent aujourd'hui si lourdement sur les budgets de tous les États.

La crise étant donc imminente, la politique en est arrivée au point où les routes se bifurquent, et force lui est de choisir entre deux perspectives inévitables, à moins toutefois qu'elle ne veuille voir s'en ouvrir devant elle une troisième, dont les sentiers ne seraient certes pas les moins tortueux.

La politique a d'abord sous les yeux l'exemple de la Prusse, qui, faisant appel au large patriotisme de la race, proclame le principe de la suprématie des États de premier ordre, tout en accordant *une indépendance relative* aux États secondaires, auxquels elle laisse leurs princes et leurs constitutions. (Personne n'ignore que si le roi Guillaume a dépossédé le roi de Hanovre et annexé à la Prusse plusieurs autres petits États, il ne s'y est résolu qu'à contre-cœur et uniquement parce que ces États se sont ouvertement et obstinément opposés à la réalisation d'une grande idée.)

La politique peut, d'un autre côté, considérer

la marche suivie par l'Autriche, qui tantôt veut imposer aux divers peuples qui composent son empire la suprématie absolue de la nationalité allemande, et tantôt, cédant aux légitimes exigences de ces peuples, adopte forcément *le droit absolu des nationalités,* en se fractionnant d'abord en deux, et devant nécessairement se fractionner plus tard en plusieurs parties distinctes. Mais, ces diverses contrées, ayant chacune sa constitution et son armée nationale, ne pourront avoir entre elles aucun lien moral, *et se verront toujours privées d'un grand centre de pondération, capable de maintenir un juste équilibre.*

Il ne faut pas se dissimuler que, si l'Europe voulait se liguer contre la Prusse, l'œuvre que celle-ci a commencée ne tarderait pas à être détruite ; mais ce serait un crime de lèse-civilisation, qui nous ferait reculer d'au moins un siècle, et qui imposerait aux gouvernements de tous les États de l'Europe l'obligation de réagir ou de proclamer chez eux le droit absolu des nationalités, que l'Autriche a dû adopter forcément ; car, en politique, on ne peut pas rester stationnaire : on avance ou on recule.

Si cependant, au lieu de prendre un parti quelconque, on flottait dans l'indécision en maintenant aussi longtemps que possible le *statu quo,* la perspective serait encore moins riante.

En choisissant le mauvais parti, on recule, il est vrai, mais on a au moins la chance de revenir sur ses pas ; et, en attendant, on occupe les esprits et on les dispense de chercher en sous-œuvre pour leur activité un autre aliment, qui ne saurait être que dangereux.

En effet, sans parler de l'énorme préjudice causé au commerce, à l'industrie et à toutes les branches de la civilisation par la longue attente des événements, en prévision desquels l'Europe tient plus de trois millions d'hommes sous les armes, un danger plus grand encore la menace, du côté de la révolution européenne, qui, profitant de l'excitation générale des esprits et de la méfiance qui sépare les gouvernements, propage ouvertement ses utopies et rêve déjà la nouvelle constitution des *États-Unis* d'Europe.

III

Un puissant monarque, en constatant l'existence, dans son pays, d'une révolution et d'une réaction, indiquait tout récemment encore du haut de son trône la place honorable qu'il y a à prendre entre ces deux extrêmes pour maintenir l'ordre et sauver la liberté.

Mais l'Europe ne peut-elle pas être envisagée dans son ensemble comme tout autre pays, quel qu'il soit, et ne renferme-t-elle pas aussi dans son sein sa révolution et sa réaction?

N'y a-t-il pas aussi entre ces deux extrêmes une place honorable à prendre pour les gouvernements qui veulent l'ordre et qui désirent une paix réelle et définitive?

Soutenir la révolution européenne, est-ce là une garantie d'ordre?

Soutenir la réaction européenne, est-ce une garantie de paix universelle ?

Et lors même qu'il serait profitable pour la paix du moment, pour cette paix armée en guerre, de soutenir la réaction, peut-on le faire longtemps sans donner du même coup un nouvel aliment à la révolution ?

Soutenir l'Autriche, qui est une pierre d'achoppement pour l'unité germanique, n'est-ce pas soutenir le vieux principe d'un État qui n'a plus aucune mission civilisatrice et qui ne doit la continuation de son existence qu'à de vieux traités respectés tant bien que mal par la diplomatie ?

Soutenir l'Autriche, qui tantôt défend une unité monarchique, impraticable chez elle, et tantôt subit le droit absolu des nationalités, n'est-ce pas abonder successivement dans le sens de la réaction, ou dans celui de la révolution européenne, dont le mot d'ordre est, en attendant mieux, *le droit absolu des nationalités ?*

Soutenir la Turquie agonisante et qui entrave tout progrès, n'est-ce pas soutenir le même vieux principe avec les circonstances aggravantes de la barbarie asiatique ?

Soutenir la Turquie, dont le sceptre de fer opprime les populations chrétiennes qui gémissent sous son joug, n'est-ce pas préparer une rébellion

qui deviendrait le signal d'une guerre européenne ?

Soutenir enfin le pouvoir temporel du pape,
n'est-ce pas défendre un principe dont le bon
sens public a depuis longtemps fait justice, et
n'est-ce pas encourager les espérances des princes
dépossédés d'Italie ?

N'est-ce pas aussi provoquer un mouvement
révolutionnaire dans cette Italie qui, elle aussi,
croit avoir acquis le droit d'être une et indivisible ?

Il y a six ans, l'empereur Napoléon III, faisant
appel aux sentiments généreux de tous les gouvernements, les invitait à un congrès européen,
dans le but de reviser les vieux traités et de poser
les fondements nouveaux d'une paix durable.

Néanmoins, il n'a été, comme on le sait généralement, donné aucune suite à cette généreuse
idée.

Mais en supposant même qu'un pareil congrès
pût avoir lieu, serait-il en état de remédier à tous
les besoins politiques de l'Europe ?

Ne serait-ce pas plutôt un palliatif qui ne prolongerait le *statu quo* que pour quelques années ;
et n'y aurait-il pas même à craindre qu'il ne devînt,
malgré les sentiments pacifiques des souverains de
l'Europe, l'occasion d'une guerre universelle ?

Est-ce qu'un congrès empêcherait l'Allemagne d'aspirer à l'unité de la grande patrie allemande?

Voudrait-il imposer à la Turquie, dont la religion même n'admet pas le progrès, l'obligation de marcher immédiatement dans les voies d'une puissante civilisation?

Pourrait-il arracher au représentant du pape une réponse autre que l'imperturbable *non possumus?*

Serait-il capable enfin de résoudre le nombre infini de toutes ces questions politiques, si poignantes et si palpitantes d'un si vif intérêt, que nous n'énumérerons point ici, et qui ne sauraient trouver leur solution définitive que dans une rupture complète et irrévocable avec les vieux principes politiques adoptés jusqu'à ce jour?

Le même souverain proposait enfin dernièrement, dit-on, le désarmement universel.

Mais proposer le désarmement, n'est-ce pas proposer la prolongation du *statu quo?*

Et prolonger le *statu quo,* en le rendant moins onéreux, n'est-ce pas ravitailler la réaction?

Prolonger le *statu quo,* n'est-ce pas donner aussi à la révolution européenne le temps d'accroître ses forces et de lui faire comprendre qu'il est de son intérêt de s'allier provisoirement à la réaction, qui, dans les convulsions de l'agonie, se-

rait capable de tout, voire même d'un progrès intempestif et désordonné ?

En soutenant la réaction et en soumettant ces
diverses propositions à l'appréciation des souverains de l'Europe, ce prince, homme politique de
premier ordre et profond philosophe, ne pouvait
avoir, dans sa pensée intime, un autre but que
celui de temporiser, d'occuper les esprits et de
gagner quelques années indispensables pour com-
pléter les mesures d'ensemble qui lui permettront
de faire face aux événements qui se préparent.

Comment un prince d'un si haut mérite ne
comprendrait-il pas que, si la rupture complète
et irrévocable avec la réaction française qu'il a
opérée le 2 janvier a sauvé la France d'une révolution, une semblable rupture avec la réaction
européenne serait seule capable de prévenir un
cataclysme imminent et général.

Non, ce prince ne peut pas ne pas voir que la
place d'honneur qu'il y a à prendre entre la révolution et la réaction européennes, c'est de suivre
l'exemple de la Prusse, et d'entrer résolûment dans
la nouvelle période historique qu'on peut appeler *la
période du droit relatif des nationalités confédérées sous la
suprématie des empires,* c'est-à-dire *du droit des pays
secondaires qui n'ont pas perdu leur caractère national
de conserver leurs rois, leurs princes, ou leur constitu-*

tion spéciale, mais d'abandonner le commandement des troupes et la gestion des affaires étrangères aux États avoisinants de premier ordre, érigés seuls en empires.

Nous sommes, avouons-le, très-éloigné de croire à une rapide réalisation de ce programme, et nous comprenons la difficulté de l'appliquer sous cette forme à la future Confédération romane, vu la grandeur de l'Espagne et de l'Italie ; nous reconnaissons volontiers que l'idée d'une telle perspective, — même très-éloignée, — ne conviendra que fort peu à ces deux puissances et qu'elle sera particulièrement désagréable à l'Italie, qui n'a pas encore eu le temps de savourer les délices de sa glorieuse indépendance.

Mais, tout en souhaitant à la race romane de trouver un autre genre de confédération qui lui soit plus sympathique, nous ne pouvons nous dispenser d'émettre une opinion qui nous est toute personnelle : c'est que, s'il y a une puissance secondaire à l'égard de laquelle l'application du système de la Confédération germanique du Nord soit d'une stricte justice, c'est positivement l'Italie.

Si le roi de Sardaigne n'a pas hésité à déposséder, dans des vues d'intérêt général pour l'Italie, plusieurs princes indépendants au même titre que lui, pourquoi ne devrait-il pas, à son tour, sacrifier une portion de sa prérogative souveraine pour assurer à cette même Italie une paix définitive, pour dégrever son budget des dépenses extraordinaires causées par l'entretien d'une armée dont le personnel est en disproportion avec les ressources du pays, en un mot, pour contribuer à procurer les mêmes avantages à tous les autres peuples de l'Europe ?

Et puis l'Italie ne devrait pas oublier qu'en partie elle a contribué elle-même à la formation de la Confédération germanique du Nord.

Quant au principe en vertu duquel les petites nationalités du nord-est de l'Europe pourraient, avec le temps, se confédérer sous la suprématie de la Russie, il ne peut plus faire naître de doutes aujourd'hui, car nous avons sous les yeux un exemple de sa mise en pratique dans la Finlande, qui fait partie de l'empire de Russie, et jouit cependant d'une constitution nationale qui lui est propre.

La Russie n'aura ni intérêt ni motif pour refuser le même droit aux autres pays qui représentent une masse compacte d'un caractère national nettement distinct, et qui sont ou qui pourraient être attachés à sa couronne, pourvu qu'elle fût parfaitement assurée que la demande d'une constitution ne serait pas un prétexte pour se séparer entièrement d'elle, ainsi que cela eut lieu en Pologne.

En ce qui concerne cet entraînement de l'opinion publique en Russie,, qui semble effaroucher les pays slaves et qu'on appelle la *russification* des nationalités non russes soumises à la domination de cet empire, nous croyons fermement que ce ne sont là que des velléités temporaires provoquées par les tendances séparatistes de la Pologne et que la Russie, dès qu'elle aura conscience plus nette de sa mission slave, saura arrêter au moment donné *et là où il convient de les arrêter* pour ne pas se créer mal à propos de sérieuses entraves à la réalisation d'une grande idée.

L'opinion publique en Russie devra comprendre tôt ou tard que le vieux rôle de l'État, comme nous l'avons dit plus haut, vient de finir, et que les pays qui n'ont pas été *dénationalisés* pendant la période que nous avons appelée la période de la formation des États restent désormais comme des cristaux, dont il est impossible d'altérer la forme sans les briser. Le patriotisme de la race, plus large que celui de la nationalité, pourrait seul atteindre le degré d'excessive chaleur capable de les fondre dans une plus grande unité ; mais ce ne peut être que l'œuvre de la patience et du temps.

Il serait fâcheux que l'opinion publique en

Russie comprît *trop tard* que, si les nations slaves non-soumises à la domination russe ne voyaient pour elles d'autre alternative que celle d'être *germanisées* ou *russifiées*, c'est-à-dire que, si elles n'avaient à opter qu'entre leur dénationalisation par les Allemands ou par les Russes, elles chercheraient peut-être à se grouper autour de la Hongrie, donnant naissance à une petite confédération hybride, qui serait une vraie pomme de discorde entre l'Allemagne et la Russie, et dont l'existence, par conséquent, prolongerait l'état de guerre en Europe. Et les infortunées nations slaves auraient les premières à en souffrir, car leurs provinces ne manqueraient pas de devenir le théâtre de cette guerre entre l'Allemagne et la Russie, qui, comme on le devine facilement, ne saurait être que très-meurtrière et très-obstinément soutenue.

Il est hors de doute que la langue russe se propagera d'elle-même et par la force des choses dans tous les pays slaves dès qu'ils seront unis à la Russie, car chacun sera personnellement intéressé à la connaître, tant pour avoir la faculté d'entretenir des rapports politiques avec la métropole que pour prendre sa part de ses immenses ressources matérielles. Mais vouloir qu'à partir d'une date quelconque, ainsi que plusieurs organes de la presse russe en expriment ostensiblement le

désir, tous les habitants d'un pays ne parlent que
la langue russe là où elle est à peine connue, ou
bien exiger que les Slaves ne s'expriment en russe
que pour le plaisir philologique de parler cette
langue, — sans leur accorder les droits civils et
politiques qui leur sont dus, — c'est d'un côté
vouloir une chose impossible, et de l'autre s'expo-
ser à augmenter gratuitement le nombre des ennemis de la Russie, là où il est avantageux pour
elle de compter des amis plutôt que des adversaires.

Disons clairement toute notre pensée : nous
sommes intimement convaincu que la Russie ne
pourra réaliser sa grande mission slave qu'après
s'être réconciliée avec la Pologne.

Les Polonais, par leurs tendances séparatistes,
ont donné lieu à la légitime répression que le gouvernement a exercée à leur égard, et l'irritation
de l'opinion publique qui s'est manifestée contre
eux en Russie n'est que trop excusable.

Mais il n'y a rien d'éternel et d'irrémissible
ici-bas ; tout s'expie et tout finit. Aussi. à propos
de cette question brûlante de la Pologne, parta-
geons-nous entièrement l'avis de cet honorable
général russe [1] qui, tout récemment dans ses ar-
ticles sur la question d'Orient, publiés dans un

---

1. Le général Fadéieff.

journal russe à Saint-Pétersbourg, s’exprimait
ainsi :

« Les Polonais se trouvent en Russie dans une
« situation qui n’a pas d’issue. S’il est toujours
« facile de prévenir une révolte parmi eux, il est
« impossible de les empêcher de penser continuel-
« lement à se révolter. Si nous voulons marcher à
« la tête du monde slave, il faut avant tout re-
« connaître les droits des Polonais qui sont Slaves
« comme nous. Et si, lorsque nous aurons arboré
« notre drapeau slave, un fort parti russe ne se
« forme pas en Pologne, c’est que toutes les lois
« de la logique se sont bouleversées de fond en
« comble. »

Nous sommes également tout à fait de l’avis de
ce général russe : que, pour une plus ample union
entre les pays du nord-est de l’Europe confédérés
sous la suprématie des tzars, il serait à désirer
que la maison impériale de Russie couvrît de ses
augustes rameaux les différents trônes à créer.

Mais puisque nous avons cité les paroles d’un
patriote russe, il ne nous paraît pas superflu de
répéter aussi celles d’un patriote polonais qui disait devant nous à un prince russe :

« Le péché *originel* que tout Polonais éclairé
« doit reprocher à la Russie, et que la Russie elle-
« même regrettera un jour d’avoir commis, n’est

« point celui d'avoir absorbé la Pologne, mais bien
« celui de *ne pas l'avoir absorbée tout entière.* Lors
« du partage de la Pologne, la Russie ne compre-
« nait pas encore qu'en abandonnant aux Alle-
« mands une grande partie du territoire polonais,
« elle se faisait un double tort à elle-même; car,
« d'un côté, elle se privait d'un *allié naturel* contre
« le débordement de l'élément germanique, et
« d'un autre côté, elle contribuait très-mal à pro-
« pos à faire approcher de ses frontières les flots
« de cet élément antislave, dont elle subira tôt
« ou tard le redoutable voisinage. »

Revenant au système général que nous avons
indiqué plus haut, nous devons déclarer que nous
sommes très-éloigné de souhaiter que les futures
confédérations ne se forment qu'à la suite d'une
guerre européenne. Néanmoins, nous avons une
si grande confiance dans les heureux résultats du
nouvel ordre de choses politique institué par la
Confédération germanique du Nord, que nous ai-
merions encore mieux le voir réalisé, au prix des
plus grands sacrifices, qu'éloigné indéfiniment par
un *statu quo* aussi énervant que ruineux.

L'intervention de la force brutale dans les
affaires politiques est un grand malheur, lorsqu'on
ne considère les choses qu'au point de vue moral;
mais elle se présente quelquefois comme un véri-

table bienfait, lorsqu'on les envisage du côté pratique.

Le droit du plus fort, ce droit tant décrié, n'est-ce pas celui qui, en définitive, décide de tout dans l'histoire aussi bien que dans la nature, et, s'il n'est plus permis de nos jours d'en abuser impunément, n'est-il pas aussi quelquefois juste et utile d'en user avec raison pour la réalisation d'une idée réparatrice et féconde?

Et si l'orgueil national de quelque petit pays, ou l'égoïsme de quelque prince dont l'État tombe en décomposition, se dressent pour maintenir leurs droits au préjudice de millions d'autres hommes qui souffrent et qui gémissent, n'est-il pas équitable et bon de les réduire à l'impuissance?

Le droit qui a pour lui la force morale et matérielle est assurément une chose très-respectable ; mais le droit qui ne peut plus faire valoir que ses parchemins moisis n'est qu'un temple que ses dieux ont abandonné, et dont les jours sont comptés.

L'auteur immortel du *Prince,* et du *Discours sur Tite-Live,* celui qui prédit, il y a plus de trois cents ans, l'unité de l'Italie, celui dont les cendres reposent à côté de celles de Galilée et de Michel-Ange. et sur la tombe duquel on a gravé cette inscription éloquente : *Tanto nomini nullum par elogium,* a dit qu'un prince, pour occuper dignement sa place, doit avoir *la finesse du renard* et *la force du lion*.

Or ce précepte peut s'appliquer à toute nation, à tout pays, considérés comme personnes collectives.

Faire valoir à un moment donné son droit et sa force, — c'est trancher du renard et du lion ; mais rester avec son droit lorsque la force morale et matérielle s'est retirée, — c'est perdre les qualités du lion, pour ne plus conserver que celles du renard.

CONCLUSION

A moins qu'il ne survienne quelque incident
imprévu et fatal, il y a tout lieu de croire qu'un
certain nombre d'années nous sépare d'une guerre
quelconque.

Ce laps de temps devrait, pour ne pas être perdu,
être consacré par les grandes puissances à connaître leurs véritables intérêts, et à se rapprocher
les unes des autres, lorsque leurs intérêts ne sont
pas en opposition flagrante.

Or, sur le continent de l'Europe, il n'y a aujourd'hui que trois grandes puissances de force à
peu près égale, et dont les missions sont identiques.

Ces trois grands foyers de civilisation, qui représentent les trois grandes races européennes,
les trois religions les plus répandues, et autour

desquels gravitent de nos jours tous les intérêts politiques, — ce sont : *la France, la Prusse* et *la Russie*.

La France, qui a toujours été la fille aînée de l'Église catholique romaine, exerce de temps immémorial son protectorat sur les nations voisines, dont quelques-unes parlent sa langue, et qui toutes appartiennent à la race romane, professent sa religion, et sont soit ses obligées, soit ses anciennes vassales.

La Prusse, qui est la plus grande puissance protestante, a su, par son esprit d'ordre, par ses admirables institutions, par le large patriotisme de sa race, par la vaillance de son armée, par le caractère chevaleresque de son roi et le génie du conseiller du trône, conquérir à jamais les sympathies de la nombreuse famille allemande.

La Russie enfin, dont les empereurs sont les fils aînés de l'Église catholique orientale, a pu, grâce à l'extrême sagesse de son monarque, triompher de tous les obstacles, pour se mettre par de radicales réformes au niveau de la civilisation européenne, et pour occuper dans la famille slave, parmi ses coreligionnaires et parmi ses voisins, la place d'honneur qui lui a été réservée par les circonstances actuelles et les mémorables événements de ce siècle.

Si, entre ces trois puissances, qui occupent les trois quarts de la superficie de notre continent, représentent la moitié de la population de toute l'Europe, et disposent ensemble de plus de deux millions de baïonnettes les mieux éprouvées du monde, une entente cordiale pouvait s'établir, rien ne leur serait impossible, et l'on verrait les questions politiques les plus redoutables devenir des fantômes qui n'effrayeraient désormais plus personne.

Cette entente, ou plutôt une alliance offensive et défensive entre ces trois puissances, doit inévitablement se faire tôt ou tard, ou il faudrait avouer qu'il n'y a dans l'histoire ni logique, ni unité de plan, ni unité de but.

Ce qu'il y aurait de fort regrettable, ce serait que cette alliance ne se fît qu'après une guerre entre la France et la Prusse ; car une telle guerre n'aurait probablement pour résultat que de démontrer l'égalité de forces de ces deux puissances.

Il serait également peu avantageux pour la paix de l'Europe que la Prusse cherchât à s'allier, ne fût-ce que momentanément, à l'Autriche ; car une telle alliance amènerait infailliblement une contre-alliance entre la France et la Russie, et il est évident qu'en cas de conflit, ce ne serait point l'Allemagne qui resterait victorieuse.

Ainsi donc, bien que, en notre qualité de Slave,

animé du patriotisme de notre race, nous n'ayons aucune raison de défendre les intérêts allemands, et que nous ne trouvions rien à objecter contre une alliance franco-russe, néanmoins nous avons la ferme conviction que la triple alliance par nous proposée lui serait infiniment préférable, car elle épargnerait, d'une part, les éventualités d'une guerre désastreuse aux trois grandes puissances civilisatrices, et, d'autre part, l'Europe se verrait plus promptement en possession de cet *aréopage* redoutable qui lui manque, et dont le rôle serait de prévenir une guerre générale, en exerçant sur les affaires politiques son influence bienfaisante, et en facilitant, — toujours dans le sens indiqué par l'histoire et par les circonstances, — la solution des différentes questions qui sont encore en germe, et qui ne tarderont pas à atteindre leur maturité.

Ce serait aussi la seule alliance contre laquelle, si elle devenait sérieuse, l'Angleterre n'aurait ni la possibilité, ni probablement l'envie de s'opposer.

L'Angleterre, qui, par sa position géographique isolée, par son Église nationale, et par sa civilisation supérieure, constitue plutôt une sixième partie du monde qu'un État européen, trouvera son intérêt bien calculé, nous l'espérons du moins, à ne pas empêcher une combinaison politique capable de maintenir la paix générale, qui assurerait à son tour la prospérité de son commerce.

Et de l'autre côté de l'Océan, la jeune Amérique, qui applaudit déjà aux progrès de la Russie, applaudirait d'autant plus à la nouvelle d'une alliance vraiment *synthétique*, car elle serait non-seulement une garantie de sécurité pour l'Europe, mais le présage du triomphe définitif de la civilisation, dont les intérêts embrassent l'univers.

Il nous est impossible de terminer cet écrit sans mettre encore ici un point d'interrogation.

On appelle généralement les tendances unionistes de la Prusse *la grande ambition prussienne;* il est donc très-probable qu'on nous accusera du *crime* de vouloir éveiller aussi deux grandes ambitions qui sommeillent.

A cette objection éventuelle, nous nous empressons de répondre par anticipation, que quand bien même les tendances de la Prusse que, nous croyons être des aspirations justes, humanitaires et bienfaisantes, ne seraient réellement que des velléités ambitieuses, nous n'en resterions pas moins convaincu qu'au point de vue de la société en général et des peuples en particulier, une

seule et grande ambition est infiniment préférable
à plusieurs petites prétentions qui doivent nécessairement être réprimées par elle.

S'il y a une justice quelconque ici-bas, si les
plus forts n'égorgent pas toujours les plus faibles,
si les plus grands n'écrasent pas toujours les plus
petits, c'est qu'au-dessus de nous tous il y a un
Dieu, plus fort que les plus forts et plus grand
que les plus grands.

Et puisque la société européenne s'est consti-
tuée de manière à avoir des rois et des princes
qui sont les représentants visibles de Dieu sur la
terre, il aurait été d'une utilité évidente qu'il y
eût au-dessus de ces rois et de ces princes un
pouvoir visible, un pouvoir *archi-impérial,* plus fort
et plus grand que celui des rois et des princes, qui
fût dans les conflits les plus graves l'arbitre et le
recours suprême des peuples opprimés.

Mais dans notre siècle sceptique, où tout se
pèse au poids des intérêts matériels, il est peut-
être plus pratique de poser ce dernier pro-
blème :

Que les peuples du continent de l'Europe
prennent la peine de se livrer à un rigoureux
calcul, et qu'ils nous disent ensuite ce qui leur
coûtera le moins cher : ou d'entretenir *trente-sept
petites ambitions* qui se heurtent et se disputent sans

relâche, ou de faire les frais *d'un nombre fort res-*
treint de grandes ambitions, devant représenter la
force armée et la politique extérieure de tout notre
continent, dont les intérêts seront identiques, et
qui, par conséquent, ne demanderont pas mieux
que de vivre en paix?

D'un autre côté, les rois, les princes et les
nobles ne devraient point oublier que, depuis 1789,
les idées démocratiques triomphent partout, ce
qui est une preuve qu'il doit y avoir en elles beaucoup de vrai juste.

Ce qui cependant déprécie ces idées aux yeux
des gens de bien, ce sont *les moyens détestables*
qu'emploie la révolution, qui voudrait réaliser d'un
seul coup et par la violence ce qui ne peut être
obtenu que par un travail calme et patient.

Il aurait donc été d'un intérêt évident pour
tous ceux qui tiennent à la conservation de l'ordre à
côté d'une sage liberté, *de s'allier de plein gré* à cette
institution formidable, qui domine la révolution
parce qu'elle dispose d'une force extrêmement
grande, et parce qu'elle accomplit elle-même, mais
lentement et régulièrement, la grande œuvre du
progrès, en purgeant la société européenne des
excroissances du moyen âge, et en préparant le
terrain pour l'établissement d'un nouvel ordre de
choses social et politique.

Cette institution, tout à la fois conservatrice et vengeresse, antirévolutionnaire et démocratisante, c'est l'*Empire*, tel qu'il existe en France, tel qu'il se constitue en Russie, tel qu'on le verra, tôt ou tard, en Allemagne.

Ce n'est que lorsque cette grande idée aura été réalisée que commencera la période de la *synthèse* historique, et que l'Europe pourra se livrer en toute sécurité au développement de tous les progrès de la civilisation.

Ce n'est qu'alors que l'on comprendra quelle funeste influence a été exercée sur les affaires du continent par l'égoïsme d'une puissante nation qui ne doit, en partie, sa liberté et sa richesse qu'à la perfidie de sa politique, consistant à semer la haine et la discorde parmi les États européens.

C'est alors que l'on verra que, si la solution théorique de cette grande question sociale, qui ronge l'Occident et l'Europe, est dévolue à la France, ce sont les vastes plaines de la Russie qui vont contribuer à la résoudre matériellement.

C'est alors enfin que, politiquement réconciliées entre elles, les nations européennes auront la possibilité de se préparer convenablement pour repousser, ou même pour attaquer en commun cette barbarie asiatique contre laquelle la Russie sert de rempart.

Si les Européens ne comprennent pas encore le danger qui les menace du côté de la Chine, qu'ils se donnent la peine d'en demander des nouvelles aux Américains, qui éprouvent déjà chez eux les qualités absorbantes de cet élément considéré à tort comme barbare et à qui il ne manque qu'une secousse morale pour inonder l'Europe de ses 400 millions d'hommes. Ce seraient là des *fers* plus durs que ceux contre lesquels se révoltait jadis ce bon M. Rousseau !

Il se trouvera plus d'un *grand* politique qui sourira avec pitié en lisant ces lignes. Plaise à Dieu que nous ayons tort en disant : Rira bien qui rira le dernier.

PARIS. — J. CLAYE, IMPRIMEUR, 7, RUE SAINT-BENOIT. — [668]